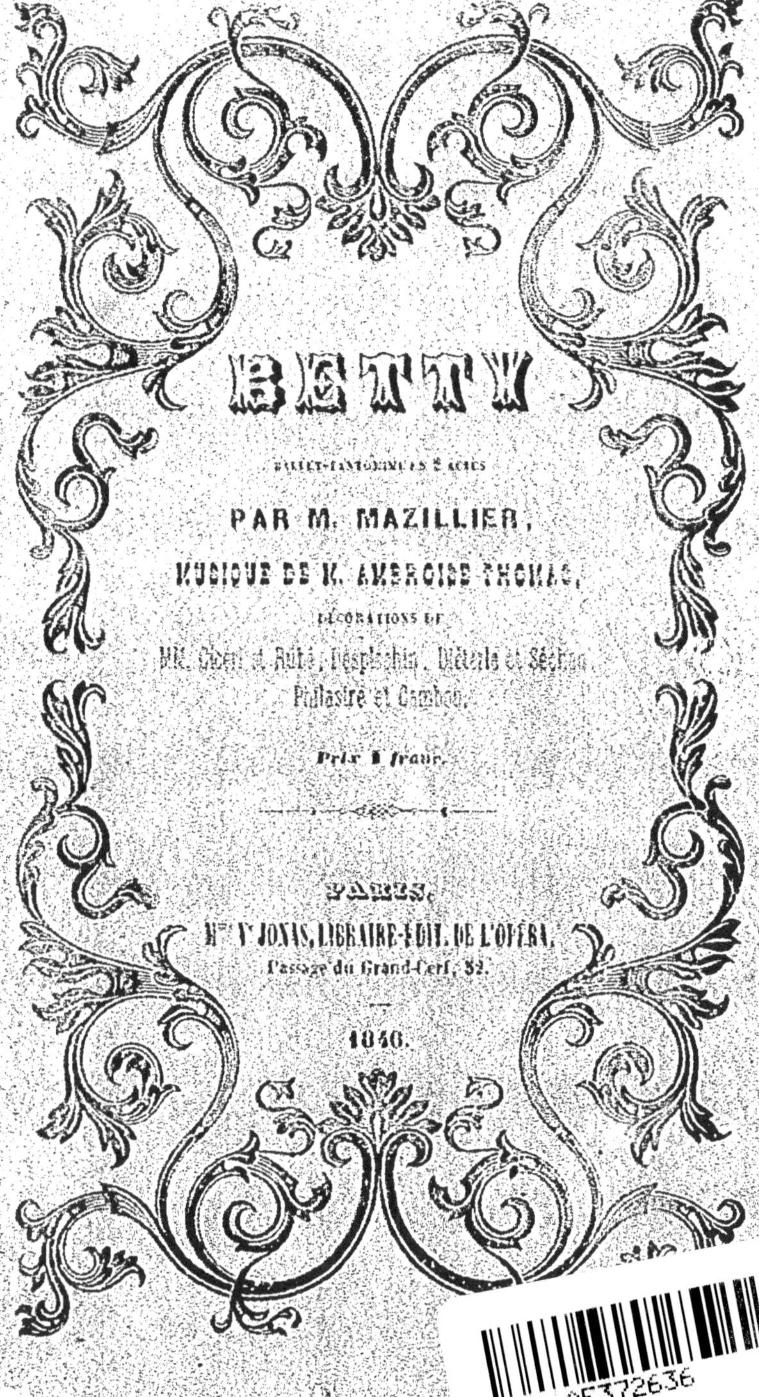

BETTY

BALLET-PANTOMIME EN 2 ACTES

PAR M. MAZILLIER,

MUSIQUE DE M. AMBROISE THOMAS,

DÉCORATIONS DE

MM. Cibon et Ruhé, Despléchin, Diéterle et Séchan
Philastre et Cambon,

Prix 1 franc.

PARIS,
M^{on} Ve JONAS, LIBRAIRE-ÉDIT. DE L'OPÉRA,
Passage du Grand-Cerf, 52.

1846.

BETTY,

BALLET-PANTOMIME EN DEUX ACTES,

PAR M. MAZILLIER,

MUSIQUE DE M. AMBROISE THOMAS,

DÉCORATIONS DE

CICÉRI et RUBÉ, DESPLÉCHIN, DIÉTERLE et SÉCHAN,
PHILASTRE et CAMBON,

Représenté, pour la première fois,

SUR LE THÉATRE DE L'ACADÉMIE ROYALE DE MUSIQUE,

Le 10 Juillet 1846.

PARIS.

Mᵐᵉ Vᵉ JONAS, LIBRAIRE-ÉDITEUR DE L'OPERA,

PASSAGE DU GRAND-CERF, 52.

1846.

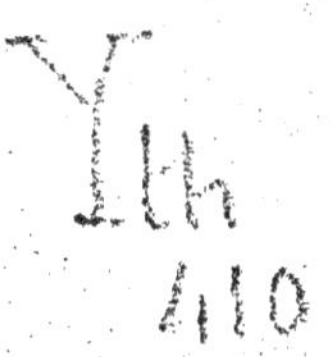

DISTRIBUTION :

PERSONNAGES.	ACTEURS.
CHARLES (depuis Charles II), prince royal d'Angleterre.	M. PETITPA.
LE COMTE DE ROCHESTER, favori de Charles......	M. CORALY fils.
COOP, ancien marin, tenant la taverne du Grand-Amiral.	M. MAZILIER.
ÉDOUARD, page de Charles........................	Mme MARIA.
CATHERINE DE PORTUGAL, princesse royale (femme de Charles)....................................	Mlle ÉMAROT.
LADY CLARA, dame d'honneur de la princesse royale...	Mlle PIERSON.
BETTY, fille de Coop.............................	Mlle FUOCO.
UN CONSTABLE...............................	M. PETIT.

SEIGNEURS ET DAMES DE LA COUR, CONSTABLES, MATELOTS, HOMMES ET FEMMES.

La scène se passe à Londres et dans les environs, vers la fin du règne de Charles Ier.

DANSE.

ACTE PREMIER.

MATELOTS.

MM. Gondoin, Lenfant, Monet, Decœur, Cornet, Chatillon, Lefèvre, Caré, Rouyer, Josset, Deschamps, Alexandre, Maujin, Millot, Wiéthof 1er, Vandris, Archiuard, Clément, Pinguely, Morand, Belleville, Bauchet.

FEMMES DU PEUPLE.

Mmes Robin, Saulnier, Gougibus, Baillet, Julien, Petit, Bourdon, Pézée, Rosa, Favre, Passérieux, Giraudier, Chauvin, Genty, Savel, Danfeld, Maujin, Hennecar, Delaporte, Estenave, Alvarez, Giraud, Clausade.

ENFANTS DU PEUPLE.

Mlles Montpérin 1re, Montpérin 2me, Cassegrain, Delahaye 1re, Delahaye 2me, Bertin, Vigier, Duriez, Jourdan, Pécéda, Landelle, Hennecar, Legrain, Baron, Quéniau, Tassin, Dediou.

MOUSSES.

MM. Wiéthof 2me, Mina, Dieul 1er, Dieul 2me, Frappar, Nettre, Mazilier, Letavasseur, Charansonnet, Billard.

MATELOTS.

Mlles Feugère, Toutin, Marquet 3me, Rousseau, Chambret, Mayé, Pierron, Jeandron, Savel, Laurent 2me.

FEMMES DU PEUPLE.

Mlles Courtois, Josset, Marquet 2me, Danse, Lacoste, Dabas, Jeunot, Cluchart, Gayot, Gallois.

Pas de trois.

M. Henri Desplaces, Mlles Plunkett, Robert.

Pas de deux.

M. Petipa, Mlle Fuoco.

ACTE DEUXIÈME.

NOBLES.

MM. Gondoin, Cornet, Chatillon, Lefèvre, Caré, Rouyer, Josset, Maujin, Wiéthof 1er, Monet, Vaudris, Deschamps, Alexandre, Archinard, Clément, Pinguely, Morand, Millot, Belleville, Beauchet, Lenfant, Darcour.

DAMES NOBLES.

Mmes Robin, Saulnier, Gougibus, Baillot, Julien, Bourdon, Pézée, Rosa, Favre, Passérieux, Giraudier, Durier, Chauvin, Genty, Savel, Dunfeld, Maujin, Hennecar, Delaporte, Estenave, Alvarez, Giraud, Clausade, Glinelle, Baron, Quéniau, Legrain, Montpérin 1re, Montpérin 2me, Bertin, Vigier, Jourdan, Delahaye 1re, Delahaye 2me, Cassegrain, Tassin, Dedieu.

PAGES.

MM. Wiéthof 1er, Dieul 1er, Mazilier, Nettre, Frappar, Levavasseur, Billard, Minart.

NOBLES HOMMES.

Mlles Feugère, Toutain, Marquet 3me, Rousseau, Chambret, Mayé, Pierron, Jeandron, Savel, Laurent 2me.

NOBLES.

Mlles Courtois, Josset, Marquet 2me, Danse, Petit, Dabas, Jeunot, Cluchart, Gayot, Gallois.

Pas de trois.

MM. Toussaint, Théodore, Mlle Adèle Dumilâtre.

Pas d'ensemble.

Mmes Maria, Fuoco.

BETTY,

BALLET-PANTOMIME EN DEUX ACTES.

ACTE PREMIER.

Premier Tableau.

Le théâtre représente un petit salon dans le palais du Prince royal. — A droite du spectateur, au premier plan, est la porte de l'appartement du Prince. A gauche, celle de l'appartement de la Princesse. Au second plan à droite, est une troisième porte conduisant à l'extérieur.

SCÈNE PREMIÈRE.

Édouard, en costume de page, est endormi à côté d'une table sur laquelle est placé un déguisement bourgeois. Dix heures sonnent; Édouard s'éveille, se rappelle que c'est l'heure d'un rendez-vous; saisit le déguisement et sort pour le revêtir.

SCÈNE II.

LADY CLARA, ROCHESTER.

Lady Clara écoute en souriant Rochester, qui lui prodigue les serments d'amour, et lui demande quand elle se décidera à l'épouser. Quand vous serez devenu sage, répond lady Clara... quand vous cesserez de pervertir par votre exemple le prince royal dont la conduite plus que légère cause tant de chagrin à la princesse, ma bienfaitrice!

Rochester se défend d'une telle accusation. Le prince n'a besoin d'aucune excitation pour faire des folies... Loin de l'encourager dans cette vie, Rochester prétend ne l'y suivre qu'à regret.

Eh bien, dit lady Clara, puisque vous avez de si bonnes intentions, tâchez de le dégoûter au moins de ses courses nocturnes, qui, dans ces temps de troubles, peuvent compromettre sa vie!...

De tout mon cœur!... dit Rochester; mais à condition que si l'accomplissement de cette bonne œuvre m'attire une disgrâce, lady Clara se chargera de m'en consoler!...

SCÈNE III.

LES MÊMES, LA PRINCESSE ROYALE *suivie de quelques Pages et de deux Dames d'honneur qui portent son Missel.*

La princesse traverse le salon pour se rendre à la chapelle. Lady Clara lui présente Rochester, dont elle lui annonce l'heureuse conversion. La princesse félicite lady Clara du miracle que viennent d'opérer ses beaux yeux, et promet à Rochester une reconnaissance égale au service qu'il veut bien tâcher de lui rendre.

SCÈNE IV.

ROCHESTER, *puis* ÉDOUARD.

Pendant que Rochester reconduit la princesse et lady Clara, Édouard reparaît, cherchant à cacher sous son manteau le déguisement qu'il vient de revêtir. Rochester le surprend, et, se doutant bien que ce costume d'emprunt a servi à quelque intrigue, à quelque tour de page, il interroge le coupable, et le menace de la colère du prince s'il ne confesse pas sur-le-champ la vérité.

Édouard avoue tout... Il aime depuis quelques mois une fille charmante, dont il se croit aimé!... Le père de cette merveille est un vieil officier de marine, actuellement propriétaire d'une taverne!... de la taverne du *Grand-Amiral!*... Édouard s'est introduit près d'elle comme maître à danser, et c'est sous ce déguisement qu'il va la voir tous les matins!...

En l'écoutant, Rochester a conçu un projet... La beauté de cette jeune fille, si vantée par le page, pourra engager le prince dans une aventure de taverne, qu'il sera facile de convertir en une leçon sérieuse... Rochester se fait donner par Édouard tous les renseignements nécessaires; puis, il appelle un valet à qui il commande deux habits de matelots.

Édouard ne peut voir ces apprêts sans inquiétude... Il sort, mais en se promettant de surveiller Rochester.

SCÈNE V.

ROCHESTER, CHARLES, SEIGNEURS DE LA COUR.

Charles rentre de la chasse. Malgré la fatigue qu'il éprouve, il se félicite du plaisir qu'il vient de prendre, et ne peut voir arriver sans ennui l'heure des occupations sérieuses. Des ministres, des hommes d'affaires lui demandent des signatures : pour abréger la besogne, Charles approuve tout sans rien lire.

SCÈNE VI.

LES MÊMES, LA PRINCESSE, LADY CLARA, SUITE DE LA PRINCESSE.

La princesse, revenant de la chapelle, s'arrête pour s'informer de la santé de son mari. Elle lui reproche avec une bonté mêlée d'ironie son ardeur excessive pour le travail ! Il ne ménage peut-être pas assez des jours si précieux pour elle et pour l'Angleterre !...

Charles la remercie de sa sollicitude et la rassure : ce n'est pas le travail de cabinet qui pourra jamais compromettre sa santé !

La princesse lui demande pardon de l'avoir interrompu dans ses graves occupations et se retire... en lui rappelant toutefois qu'elle donne le soir même un grand bal, et qu'elle espère avoir le bonheur d'y posséder Son Altesse un moment !

Charles déclare qu'il se gardera bien d'y manquer.

La princesse l'en remercie, et sort avec lady Clara et sa suite, en faisant à Rochester quelques signes d'intelligence.

SCÈNE VII.

CHARLES, ROCHESTER.

Charles, touché de la douceur de la princesse, semble se reprocher sa négligence envers elle.

Rochester le félicite de ce retour à la vertu. A aucun prix il ne voudrait le détourner désormais d'une voie dans laquelle il paraît si heureux de rentrer !... Aussi se gardera-t-il bien de lui parler d'un projet qu'il avait eu l'imprudence de former pour lui !...

Charles veut connaître ce projet mystérieux... Après s'être fait longtemps prier, Rochester lui avoue qu'il avait découvert dans une taverne un véritable trésor !... une beauté de seize ans !... plus piquante mille fois que les grandes dames de la cour !... Il voulait proposer au prince d'en aller faire la conquête, déguisé en matelot !... Mais à présent, ce serait un crime d'y penser !...

Charles, piqué des railleries de Rochester, se décide à tenter l'aventure. Il ordonne à son favori de laisser de côté toute espèce de scrupules, et de le conduire à la taverne du Grand-Amiral.

Rochester cède aux instances du prince et finit par lui montrer les costumes de matelots qu'il avait fait préparer d'avance. Charles au comble de la joie sort pour endosser le sien et entraîne avec lui Rochester, qui se félicite de voir l'étourdi donner si facilement dans le piége.

Deuxième Tableau.

Le théâtre représente un site pittoresque sur les bords de la Tamise. A droite des spectateurs, la taverne du Grand-Amiral.

SCÈNE PREMIÈRE.

Des matelots, des hommes et des femmes de toutes conditions se promènent où sont à table devant la taverne. Les uns jouent ; les autres dansent. Une querelle s'élève entre eux.

Coop sort de la taverne avec Betty. Il intervient et sépare les combattants. Pendant que Coop use sur les uns de l'autorité que lui donnent son âge et son titre d'ancien officier de marine, Betty apaise les autres par la grâce persuasive de ses conseils.

Les matelots se réconcilient, payent leur dépense et sortent en annonçant qu'ils vont bientôt revenir. On attend l'arrivée d'un vaisseau qui vient de faire un voyage de long cours ; et cette arrivée sera pour les marins et leurs amis une nouvelle occasion de réjouissances. Ils seront toujours les bienvenus, répond Coop ! on ne manquera jamais ici d'ale ni de bon vin.

Seule avec son père, Betty jette de temps en temps vers le fond du théâtre des regards empreints d'inquiétude et d'impatience ! Ce qui t'occupe ainsi, lui dit Coop, c'est ton maître à danser !... Ne t'en défends pas !... il est aimable !... joli garçon !... S'il est bon sujet !... pourquoi m'opposerais-je à votre mariage ?...

Betty, transportée de joie, se jette dans les bras de son père.

SCÈNE II.

LES MÊMES, ÉDOUARD, *déguisé en maître à danser.*

A la vue d'Édouard, Betty réprime sa joie et s'efforce de prendre avec lui un air sévère !... Édouard se fait bien attendre depuis quelques jours !... Il met dans ses leçons une inexactitude impardonnable !... Édouard se confond en excuses !... des affaires indispensables l'ont retenu bien malgré lui !... Coop, témoin de la querelle, se charge encore du rôle de pacificateur et invite Édouard à réparer le temps perdu, en donnant sur-le-champ à son élève une bonne leçon. Il y aura tout à l'heure une fête pour l'arrivée d'un vaisseau !... il faut que Betty s'y distingue.

Édouard et Betty se mettent gaiement au travail. Édouard indique des pas que Betty exécute aussitôt !... et le jeune maître paraît fier des progrès de son élève.

Quelques coups de canon annoncent l'arrivée du vaisseau. La foule accourt ; on s'empresse d'aider au débarquement, les arrivants se jettent dans les bras de leurs parents, de leurs amis qui les attendaient sur le rivage ; puis on improvise une fête et des danses joyeuses devant la taverne de Coop.

Au milieu de la fête, on entend un grand bruit ; c'est Rochester et Charles qui arrivent déguisés en matelots... embrassant toutes les filles... rudoyant les pères et les maris.

Les matelots se fâchent et vont faire aux nouveaux venus un mauvais parti ; mais le grand pacificateur Coop intervient encore... Il sermone les étourdis au nom de la morale !... mais il les trouve lui-même si gais et si amusants qu'il se laisse attendrir et finit par trinquer avec eux !

Du premier coup d'œil, Édouard a reconnu les prétendus matelots... Il veut fuir ; mais Rochester l'aperçoit et l'arrête ! Ah ! jaloux, lui dit-il, vous vous êtes défié de moi !... vous mériteriez une bonne leçon !... mais silence... Je m'arrangerai pour que le prince ne vous reconnaisse pas... j'ai besoin de vous ; restez, et tenez vous prêt à obéir à toutes mes instructions !

Le page promet d'être docile... et Rochester présente Betty à Charles.

Charles la trouve charmante et l'invite à danser.

Oubliant sa promesse, Édouard veut s'y opposer.

Qu'est-ce que cet importun ? demande Charles à Rochester ; il me semble l'avoir vu quelque part... ne trouves-tu pas qu'il ressemble singulièrement au page que tu m'as donné il y a quelques jours ?

Pas beaucoup, dit Rochester ; Édouard est plus grand.

C'est vrai, répond le prince, mais quel que soit cet étourdi, il m'a tout l'air d'un amoureux de la petite ! Amuse-le pendant que je vais danser avec elle.

Rochester prend le page à part et l'emmène dans un coin en lui disant : Mon cher ami, le prince veut que je vous amuse ; ayez donc l'air de bien vous amuser... Sinon !...

Colère comique du page, toujours contenu par Rochester, pendant que Charles fait danser sa maîtresse !

En reconduisant Betty à sa place, Charles lui donne un baiser... Coop veut se fâcher ; mais Betty l'apaise facilement !

On apporte du punch... Charles boit et fait boire Coop... En tirant son mouchoir pour s'essuyer le front, il laisse tomber sa bourse sans s'en apercevoir... Sur un signe de Rochester, Édouard s'en empare.

La cloche du vaisseau donne le signal de la retraite. Les matelots rentrent, excepté Charles et Rochester, qui restent à table et demandent encore du punch!

Coop leur fait observer qu'il est temps de se retirer et leur présente la carte à payer.

C'est ce moment que choisit Rochester pour s'esquiver! Il part, riant d'avance de l'embarras dans lequel va se trouver le prince, et laisse à Édouard le soin de veiller sur lui, tout en poussant les choses assez loin pour que la leçon soit complète!

Coop fait remarquer à Charles que la note est chère et que, pour un matelot, il a fait une bien grande dépense!

Charles y jette un coup d'œil en riant de la remarque, et dit à Coop de s'adresser à son camarade qui payera.

Mais, dit Édouard, le camarade a disparu.

Étonnement du prince!... on se trompe assurément!... son camarade va revenir!... il ne peut être loin.

Édouard affirme de nouveau l'avoir vu prendre une barque et partir pour Londres!

Colère de Charles... il veut courir après Rochester... mais Coop l'arrête... avant de partir il faut payer.

Qu'à cela ne tienne, dit Charles, c'est une bagatelle!... Il veut jeter sa bourse à Coop!... mais il ne la retrouve plus!... Il retourne en vain toutes ses poches!... il faut qu'on la lui ait volée!...

Volée!... dit Coop,... ici!... dans une maison comme la mienne!... Apprenez, qu'il ne vient chez moi que d'honnêtes gens!... excepté vous peut-être, car vous m'avez tout l'air d'un mauvais sujet!

Colère du prince... il regarde Coop d'un air de fierté! Mais Coop se redresse plus fièrement encore, en lui disant : Ces grands airs ne me font pas peur!...

Et il lui présente de nouveau la carte à payer.

Nouvel embarras de Charles. Nouvel accès de fureur contre Rochester!... En fouillant encore dans ses poches, il met la main sur sa montre!... il se croit sauvé... il n'a qu'à la laisser en gage!...

Coop prend la montre et l'observe attentivement..... Betty se récrie sur la beauté des diamants qui l'entourent...

Charles demande à Coop, d'un air de satisfaction, s'il croit que cela puisse suffire au payement de sa note.

C'est trop beau, lui répond Coop; comment un matelot peut-il être possesseur d'un pareil bijou!... à moins de l'avoir trouvé ou volé!...

Voler!... moi!... s'écrie Charles rougissant de colère!...

Toi !... répond Coop !... belle garantie !... qui es-tu ?...

Édouard demande à jeter aussi son coup d'œil sur la montre, et il fait remarquer à Coop qu'elle porte les armes du prince royal.

Plus de doute, s'écrie Coop ! la montre a été volée au prince !...

Charles, effrayé de la tournure que prennent les choses, redemande sa montre. — Coop refuse de la rendre et déclare qu'il la reportera plutôt lui-même au prince !...

Charles, hors de lui, s'élance sur Coop pour la lui arracher... Mais Coop le saisit au collet, et le rudoie !... Les passants s'attroupent autour du matelot accusé. On l'entraîne dans la taverne, où il restera prisonnier jusqu'à l'arrivée des constables.

ACTE DEUXIÈME.

Premier Tableau.

Intérieur de la taverne. Chambre de Coop.

SCÈNE PREMIÈRE.

CHARLES, COOP, ÉDOUARD, BETTY, MATELOTS.

On amène Charles qui veut en vain résister.

Coop fait fermer les portes; met des sentinelles à l'extérieur, et sort avec Édouard et Betty, en prévenant le prisonnier que la force armée ne tardera pas à venir le chercher.

SCÈNE II.

CHARLES, seul.

L'embarras dans lequel il se trouve et dont il ne sait comment sortir lui fait faire de sérieuses réflexions. Que va-t-il devenir ? quel scandale !... et puis, dans ces temps de guerre civile, n'est-il pas tombé dans un piége ? Ne peut-on pas attenter à ses jours !...

SCÈNE III.

LE MÊME, BETTY, ÉDOUARD.

Betty vient consoler le prisonnier et l'exhorter à ne pas aggraver sa faute par une résistance inutile. Elle le sermone!... Être voleur avec un air si doux!... c'est bien mal!...

Charles la supplie de le laisser partir!... il lui promet toutes les faveurs du monde si elle veut seconder sa fuite!... Dans son trouble, il s'oublie et parle un moment en roi!...

Ah! mon Dieu, dit Betty... le voilà qui devient fou!...

On le serait à moins, dit le page, car il doit bien savoir que s'il a volé la montre du roi, il sera pendu!...

Pendu!... s'écrie Betty! ah! ce serait affreux!... Pauvre jeune homme!... Encore s'il promettait de se repentir!...

Eh bien, dit le prince, si je le promettais... que feriez-vous?

Il n'y a, dit Betty, de sentinelles qu'aux portes... En descendant par la fenêtre, on pourrait peut-être se sauver!...

Ah! vous me rendez la vie, s'écrie Charles!... Sauvez-moi, et je vous jure que je ne serai pas tenté de recommencer!...

Betty est désarmée... mais Édouard feint de résister encore!... Pour le fléchir, Charles lui offre une bague précieuse.

Édouard accepte, malgré les conseils de Betty, qui lui représente que c'est peut-être encore un objet volé!... Mais Édouard la rassure; il a son dessein!...

Au moment où le prince, aidé des deux amants, va descendre par la fenêtre, on entend passer une patrouille; c'est celle que Coop a envoyé chercher pour arrêter le voleur.

Il n'y a pas un instant à perdre : sitôt que la patrouille a dépassé la fenêtre, on presse les préparatifs de l'évasion. Édouard et Betty déroulent la ceinture du prince, l'attachent à la fenêtre et le font ainsi descendre sans danger.

SCÈNE IV.

ÉDOUARD, BETTY, COOP, SOLDATS EN PATROUILLE.

À peine Charles est-il parti que Coop entre avec la patrouille!... Betty fait semblant de s'évanouir, et Édouard, feignant lui-même un grand effroi, raconte que le prisonnier s'est évadé en menaçant Betty de son poignard!...

Coop blâme les deux amants de leur poltronnerie et fait courir après le fugitif!

Édouard indique un côté opposé à celui qu'a pris le prince; puis il s'esquive lui-même, et se hâte de retourner au palais.

Deuxième Tableau.

Le théâtre représente un salon du palais du Prince royal, fermé dans le fond par de riches portières. A droite, sur le premier plan, une porte conduisant aux appartements du Prince. — Tout se prépare pour un bal brillant ; en place des lustres, on suspend des guirlandes de fleurs.

SCÈNE PREMIÈRE.

EDOUARD, *puis* ROCHESTER *et* LADY CLARA.

Édouard rentre précipitamment ; il vient de revêtir à la hâte son costume de page ; il attache encore ses dernières aiguillettes en courant.

Il est suivi de près par Rochester et par lady Clara, qui rit aux éclats de l'aventure que lui raconte Rochester.

Le page les prévient que le prince arrive à l'instant, fatigué par la longue course qu'il a été obligé de faire dans les rues de Londres.

Mais il n'a couru aucun danger ? dit lady Clara.

Aucun, dit le page. Selon les ordres de M. le comte, je le suivais de loin avec deux domestiques armés, prêts à le défendre.

Rochester fait retirer tout le monde et se cache avec lady Clara derrière une colonnnade pour voir arriver le prince.

Édouard se jette dans un fauteuil, devant la porte du prince, et fait semblant de dormir.

SCÈNE II.

CHARLES, *en matelot ;* ÉDOUARD, *feignant de dormir ;* ROCHESTER *et* LADY CLARA, *cachés derrière des colonnes.*

Charles rentre furtivement par une porte secrète ; il craint d'être aperçu dans cet accoutrement et se félicite d'avoir pu arriver jusqu'à son appartement sans être remarqué... mais le fauteuil dans lequel dort Édouard lui barre le passage !

Charles s'étonne encore de la ressemblance d'Édouard avec le maître à danser qu'il vient de quitter. Il cherche à passer derrière le fauteuil sans troubler le sommeil du dormeur.

Mais Édouard s'éveille tout à coup en sursaut et en demandant : *Qui va là ?*

Lady Clara s'empresse d'accourir au cri du page et feint une grande surprise à l'aspect du prince, en costume de matelot.

Le prince balbutie une excuse insignifiante et veut regagner son apparte‑
ment.

Pardonnez‑moi, lui dit lady Clara, de vous arrêter un moment, mais j'ai
une grâce importante à vous demander de la part de la princesse : elle lui
présente un placet. Le prince signe aveuglément, pour se débarrasser d'elle ;
mais quand il se réjouit de pouvoir rentrer enfin chez lui, il rencontre Ro‑
chester qui l'arrête à son tour en le saluant jusqu'à terre et en lui demandant
comment il a passé la nuit.

Fureur du prince... Il menace Rochester de sa vengeance !... Mais on en‑
tend le signal du bal, et Charles n'a que le temps de se sauver dans son appar‑
tement pour changer de costume.

SCÈNE III.

LA PRINCESSE ROYALE, LADY CLARA, ROCHESTER, ÉDOUARD, SEIGNEURS *et*
DAMES DE LA COUR.

Les portières du fond s'ouvrent et laissent voir une brillante galerie ter‑
minée par une serre ornée des plantes et des fleurs les plus précieuses.

La princesse royale entre au milieu de toute la cour.

Rochester et lady Clara lui racontent l'aventure du prince. La princesse les
remercie et donne le signal du bal.

SCÈNE IV.

LES MÊMES, CHARLES.

Quelque temps après, Charles reparaît revêtu d'un brillant costume et va
prendre place auprès de la princesse.

Rochester, affectant un redoublement de respect et de prévenance, salue
Charles qui lui fait bonne mine devant la princesse, mais lui lance à la dérobée
des regards menaçants. La princesse, feignant de surprendre un de ces regards,
demande à son mari ce qui a pu valoir à Rochester cette disgrâce.

Charles affirme qu'il n'a aucune raison de lui en vouloir et affecte de lui
témoigner devant la princesse une bienveillance que dément à tout moment
son visage.

Édouard vient annoncer à Rochester que Coop et Betty demandent à rendre
au prince royal une montre qu'on lui a volée et qui est tombée entre leurs
mains.

Rochester, conservant une gravité imperturbable, vient prendre à cet égard les ordres de Charles, de manière à être bien entendu de la princesse.

Charles ordonne de fermer la porte à des intrigants!... il n'a pas perdu de montre!... il ne sait ce qu'on veut dire!...

Mais la princesse, feignant d'être étonnée de la singularité de cette démarche, exprime le désir d'interroger Coop et Betty, et supplie le prince de permettre qu'on les fasse entrer.

Charles, reconnaissant l'impossibilité d'échapper aux coups que lui porte la malice de Rochester, finit par en prendre son parti gaiement, et ordonne d'introduire le vieux marin et sa fille.

SCÈNE V.

LES MÊMES, COOP, BETTY.

A la vue de cette cour et de cette salle resplendissantes, Betty, intimidée, se serre contre son père, dont elle n'ose pas quitter le bras. Coop affecte une assurance qu'il est loin de posséder et s'avance gravement, le chapeau sur la tête. Un huissier le lui ôte en le prévenant qu'on ne garde pas son chapeau dans le palais du prince.

Édouard vient au-devant de Coop et lui annonce qu'il va le présenter d'abord au comte de Rochester.

Étonnement de Coop et de Betty à la vue du page qui les regarde avec un sérieux imperturbable, et les présente gravement à Rochester.

Cherchant vainement à combattre la surprise que lui a causée la figure du page, Coop se couvre, sans y songer, avant de commencer son discours.

Betty lui ôte son chapeau en lui rappelant qu'on ne se couvre pas dans le palais du prince.

C'est juste, dit le pauvre Coop... je l'avais oublié... aussi... c'est ce maudit page... dont la ressemblance étrange!... Rochester se retourne vers lui et le regarde froidement.

A cette vue, Coop se demande s'il est bien éveillé!... Il lui devient impossible de prononcer une parole!...

Peut-être, dit Rochester avec le même sérieux, vous sera-t-il plus facile de parler à Son Altesse! Et il le conduit vers le prince.

Pour venir au secours de son père, Betty veut prendre la parole... Elle s'approche du prince, les yeux baissés, et commence à raconter l'histoire de la montre!... Le prince la regarde en face... et voici la pauvre Betty aussi émue et aussi tremblante que son père!...

Après s'être amusé quelque temps de leur embarras, Charles les accueille avec une bonté qui les rassure... et déclare à la princesse qu'au risque d'encourir un juste blâme pour une dernière folie, dont il s'est rendu coupable, il va lui expliquer franchement tout le mystère... C'est inutile, reprend la princesse, je sais tout... et c'est peut-être moi qui aurais sur ce point quelque chose à vous apprendre.

C'était donc un complot ? dit Charles. — Oui, monseigneur; et il a si bien réussi que je vous demande grâce pour les conspirateurs !...

Pour Rochester, dit Charles, jamais !... il s'est trop moqué de moi !...

Votre Altesse devra donc renier sa signature ? dit lady Clara... car la grâce du comte est signée d'elle... Et elle présente à Charles le placet qu'elle lui a fait approuver tout à l'heure.

Vous me permettez sans doute, lui dit la princesse, de faire le bonheur de Betty en la mariant à son maître à danser.

Non ! dit Charles... le maître à danser n'est pas digne d'elle... il a trop peu de probité... Pour favoriser ma fuite, il a reçu de moi une bague...

... Que j'attendais le moment de rendre à Votre Altesse, dit Édouard en présentant au prince son anneau et sa bourse !

C'était mon page !... s'écrie Charles; je ne m'étonne plus de la ressemblance ! Allons... je vois que je n'aurai personne à punir... je n'ai au contraire qu'à demander moi-même mon pardon !...

La princesse lui tend la main en signe de réconciliation, et la fête se termine par un divertissement auquel prennent part Betty et son jeune fiancé.

FIN.

Imprimerie Dondey-Dupré, rue Saint-Louis, 46, au Marais.

PARIS. — IMPRIMERIE BONDEY-DUPRÉ,
Rue Saint-Louis, 46, au Marais.